L'HARMONIE

Rendue facile

PAR

F. O. CAILLIAU,

Ex-Élève du Conservatoire Impérial de Musique de Paris

Prix : 15f.

et chez tous les Marchands de Musique de France et de l'Étranger

Propriété des Éditeurs   tous droits réservés.

1869

PRÉAMBULE.

En publiant ce petit traité, nous n'avons nullement la prétention d'apprendre l'harmonie à fond, tout harmoniste consciencieux sait bien que cela est impossible, même avec de gros ouvrages, dont les nombreuses règles et exceptions finissent par amener la confusion la plus complète.

Simplifier l'harmonie a été notre seul but, non pas l'harmonie purement classique car elle a des règles excessivements sévères, qui reçoivent de nombreuses modifications dans les différentes théories et encore bien plus dans la pratique.

Il y a beaucoup d'ouvrages sur cette science, mais ce qu'il y a de déplorable, c'est que rien n'y est fixe, pas de base, pas de logique, ce qu'un auteur permet l'autre le défend.

Nous citerons, REICHA, JELENSPERGER, GARAUDÉ, FÉTIS, CATEL etc, parmi ceux-ci REICHA est le plus explicite. Dans les plus récents, il y a Mr BARBEREAU, son traité d'harmonie élémentaire est très bien fait, mais il faut déjà connaître un peu l'harmonie pour le bien comprendre.

Mr JUSTINIEN VIALLON a fait un traité d'harmonie et de composition, sous le nom de science du compositeur, cet ouvrage est excellent et renferme tout ce qui a rapport à l'harmonie pratique.

Mr A. SAVART, dont nous nous honorons d'avoir été l'élève au Conservatoire de musique de Paris, a fait un traité, mais il est essentiellement classique, sa classification des accords est très claire. Mais le plus logique est sans contredit celui d'EMILE CHEVÉ, ce savant auteur a eu un seul défaut, c'est d'être trop exclusif, il eut dû savoir qu'on ne renverse pas ainsi un système universellement établi, au lieu de s'imposer, il devait agir comme Parmentier avec la pomme de terre, et son école serait beaucoup mieux appréciée qu'elle ne l'est aujourd'hui, cependant combien de méthodes dans tous les genres, sont presque textuellement copiées sur les siennes, enfin cette ingratitude passe avec tant d'autres, passons aussi et revenons à notre sujet principal.

Il ne faut pas s'attendre à trouver un style bien élégant, nous avons cherché à nous faire comprendre le mieux possible en peu de mots, chose essentielle dans toute théorie, si nous nous répétons quelquefois, c'est à dessein, et toujours dans l'intérêt de l'élève.

Le cadre restreint que nous nous sommes imposé ne nous permettra pas d'expliquer longuement toutes les règles, mais une formule précise réunira presque toujours l'ensemble d'un chapitre, les exemples seront pris dans les ouvrages des auteurs les plus connus, dans le style libre surtout, mais nous entendons par ce dernier, la musique de ROSSINI, A. THOMAS, GOUNOD, L. de RILLÉ, etc, et non pas des productions d'auteurs ignorants, dont il faut bien se garder de confondre avec celles des premiers.

Ce n'est pas un nouveau système que nous donnons à nos lecteurs, c'est comme nous l'avons dit plus haut, une explication simple et claire, afin d'être comprise par la masse.

Nous sommes après faire en ce moment, un grand ouvrage, dans lequel nous expliquerons l'harmonie d'une manière toute nouvelle, et où nous mettrons sous les yeux des lecteurs, les divers systèmes des meilleurs auteurs, en parallèle avec le notre.

Imp: MOUCELOT, rue C^t des P^{ts} Champs, 27.

PREMIÈRE PARTIE.
CHAPITRE I.
HARMONIE ISOLÉE.

L'HARMONIE est l'art de combiner ensemble tous les sons dont se compose le système musical, qui lui-même repose sur deux gammes diatoniques, l'une majeure, l'autre mineure.

L'INTERVALLE est la distance qui sépare une note d'une autre note. Les deux gammes, majeure et mineure, sont composées d'une série des plus petits intervalles employés dans la pratique, c'est à dire de secondes.

Indépendamment du nom dont on se sert pour solfier, les notes en ont un autre qui ne sert que pour désigner, en théorie, leur plus ou moins d'importance.

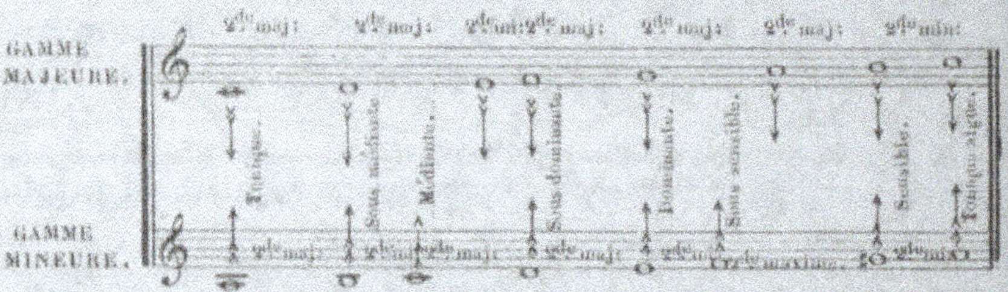

La Gamme majeure contient *Cinq* secondes majeures et *Deux* secondes mineures.

La Gamme mineure contient *trois* secondes majeures, *trois* secondes mineures, et *une* seconde maxime.

En divisant les secondes majeures et la 2de maxime, en 2des mineures, et additionnant avec les secondes mineures contenues régulièrement dans la gamme, on trouve *Douze* secondes mineures pour somme, soit dans le majeur, soit dans le mineur, on voit, qu'elles ne diffèrent que par les sons intermédiaires, et non par les extrêmes.

FORMATION DES ACCORDS DANS LA GAMME MAJEURE. Chaque note de la gamme peut devenir la base d'un accord de chaque espèce, mais nous n'étudierons en particulier que ceux dont on se sert continuellement dans la pratique, réservant à un chapitre spécial l'étude des autres. Un accord s'obtient en superposant plusieurs sons à intervalle de tierce; lorsqu'ils ne sont pas dans cette disposition, ils en dérivent toujours.

LES ACCORDS PARFAITS MAJEURS se composent de deux tierces, dont la 1re. est majeure, la seconde, mineure.

LES ACCORDS PARFAITS MINEURS se composent de deux tierces, dont la 1re. est mineure, la seconde, majeure.

La somme des extrêmes est égale, la différence est dans la disposition des tierces majeures et mineures.

L'ACCORD DE QUINTE MINEURE est composé de deux tierces mineures consécutives, ce qui lui a fait donner par GALIN et ses disciples, le nom d'accord neutre, au lieu de celui de quinte diminuée, qui est vicieux, et puis en outre cet accord appartient aux deux modes.

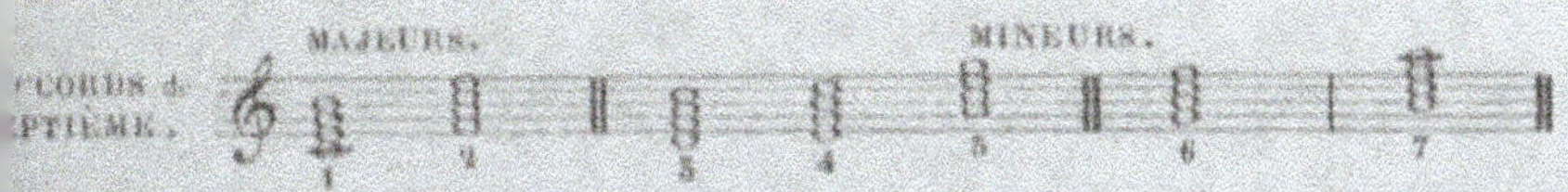

Les deux 1res. sont composés de 1o. une tierce maj: 2o. une tierce min: 3o. une tierce maj: 4o. une 2de.

Les trois suivants sont composés: 1o. une tierce min: 2o. une tierce maj: 3o. une tierce min: 4o. une 2de.

La sixième est composée de 1o. une tierce maj: 2o. de deux tierces min: une 2de.

La septième est composée de 1o. deux tierces min: 2o. d'une tierce maj: une 2de.

À l'exception des deux septièmes majeures qui ont deux tierces maj: les autres ont égales par les extrêmes, elles ne diffèrent que par la disposition des notes intermédiaires.

ACCORDS de NEUVIÈME. L'accord de 9e. qui a la dominante pour note de basse étant le seul employé en entier dans la pratique, nous ne parlerons ici que de celui là, il sera parlé des autres dans le chapitre de l'harmonie fictive, ainsi que des accords de 11e. 13e. etc., etc.

FORMATION DES ACCORDS DANS LA GAMME MINEURE.

On peut voir qu'il y a des accords ici qui n'existent pas dans la gamme majeure. Comme dans le majeur l'accord de 9e. de dominante est le seul employé à l'état complet et plus rarement à cause de la 9e. mineure

On devra faire pour tous ces accords du mode mineur, le même raisonnement que nous avons fait pour ceux du mode majeur, en ce qui concerne la quantité de tierces majeures et mineures.

4

Si nous avons compté le nombre des tierces contenues dans les accords, c'était pour mieux en faire comprendre la composition, relativement les uns les autres, mais la basse remplissant par l'effet de ses harmoniques une si grande importance, que pour analyser un accord quelconque, on doit toujours partir de la note de basse, ainsi, pour analyser un accord de 7.e d.^{te}, on dira qu'il est composé de tierce majeure, quinte majeure et septième mineure, etc. etc.

REDOUBLEMENT DES INTERVALLES. Le redoublement d'un intervalle s'obtient en transportant la *note aigue* une octave au dessus ou la *note grave* une octave au dessous, ce qui revient au même, abstraction faite du plus ou moins d'éléva_ tion des sons.

note aigue une octave au dessous.
10.e ou 3.e redoublée. tierce majeure. 9.e ou 2.de redoublée. 11.e ou 4.te redoublée. etc.
tierce majeure. 10.e ou 3.e redoublée. seconde maj.^e 4.te
note grave une octave au dessous.

Pour trouver de suite un redoublement quelconque, il faut ajouter *sept* au nom_ bre représenté par l'intervalle donné, le total donnera précisément le nom de ce redoublement.

Supposons le redoublement d'une quinte qui veut dire cinq : 5 et 7 font 12, ce sera donc une 12.e etc.

RENVERSEMENT DES INTERVALLES. Le renversement d'un intervalle s'obtient en transportant la *note grave* une octave au dessus, ou la *note aigue* une octave au dessous, ce qui revient au même, abstraction faite de l'acuité des sons.

note grave à l'aigu. tierce maj.^e note grave à l'aigu. note grave à l'aigu. note grave à l'aigu.
6.te mineure. 7.e mineure. 4.te mineure. 3.e mineure. etc.
3.e majeure. 6.te mineure. 2.de majeure. 5.te majeure. 6.te majeure.
note aigue au grave.

Pour trouver un renversement, il faut soustraire le nombre représenté par l'interval_ le donné du nombre *neuf*, le reste donnera précisément le renversement.

Supposons le renversement de la tierce qui veut dire trois : 3 ôtez de 9, reste 6, ce qui est précisément le renversement de la tierce.

Dans les redoublements, l'intervalle n'était qu'augmenté d'une octave, sans autre modifica_ tion, pour les renversements, il y a une remarque importante a faire, c'est que, par l'effet du renversement :

Un intervalle { MAXIME. MAJEUR. MINEUR. MINIME. } devient { MINIME. MINEUR. MAJEUR. MAXIME. } Chaque accord prend le nom de la note qui lui sert de basse.

CLASSEMENT APPROXIMATIF DES ACCORDS,

SELON LEUR PLUS OU MOINS DE DOUCEUR.

La tierce et tous ses dérivés qui sont: la 6.te la 10.e et la 13.e — Accords très doux.

L'octave, la quinte, la quarte et leurs dérivés qui sont: l'unisson, la 12.e la 11.e — Accords doux.

La septième mineure et ses dérivés qui sont: la 2.de maj: la 9.e la 14.e — Accords durs.

La septième majeure et ses dérivés qui sont: la 2.de min: la 9.e la 14.e — Accords très durs.

Remarquons bien que ce classement n'est qu'approximatif, et donne lieu à un certain nombre d'exceptions que nous étudierons dans le chapitre suivant.

IMPORTANCE d'après leur fréquence d'emploi dans la pratique des principaux accords dans les deux gammes diatoniques majeure et mineure.

1.° L'accord de quinte de tonique et ses renversements, le 2.e renversement un peu moins.

2.° L'accord de 7.e dominante, ses renversements moins que l'état direct.

3.° L'accord de 7.e de sensible, et celui de 7.e dessous-médiante, leurs renversements sont plus rares.

4.° L'accord de 9.e de dominante, les renversements sont inusités.

SUPPRESSION DE NOTES DANS LES ACCORDS. Lorsqu'on n'aura pas assez de voix ou d'instruments pour compléter les accords, il faudra nécessairement en supprimer une, deux ou trois, se_ lon les exigences des éléments à sa disposition, ces suppressions ne devront jamais por_ ter sur les notes caractéristiques des accords; ainsi par exemple, si l'on n'avait que deux voix ou deux instruments mélodiques pour exécuter un accord de septième, il faudrait supprimer les deux notes intermédiaires sans quoi ce ne serait plus un accord de sep_ tième, cette simple observation doit suffire pour faire comprendre ce cas, dont on est obligé de se servir si souvent.

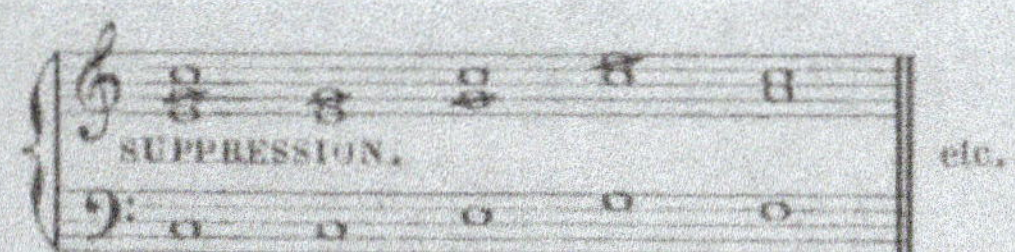

RÉPÉTITION DE NOTES DANS LES ACCORDS. Contrairement au paragraphe précédent, on pourra selon les exigences des éléments à sa disposition, répéter une ou plusieurs notes des accords qui n'en auraient pas assez.

Si l'on avait un accord de tierce à faire exécuter à quatre instruments mélodiques il faudrait nécessairement doubler ou tripler, selon le cas, une ou plusieurs des no_ tes composant l'accord.

Ce paragraphe ne peut être traité pleinement ici, il faut avant connaître le cha_ pitre de l'harmonie attractive, et même de toute l'harmonie enchaînée, pour pou_ voir expliquer les notes qu'on devra préférablement supprimer ou doubler.

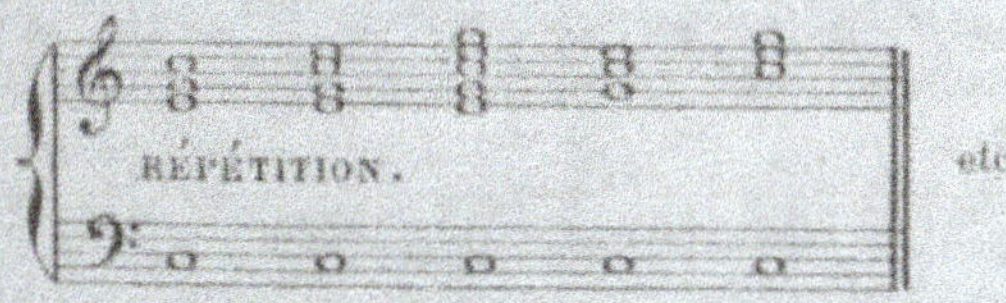

DEUXIÈME PARTIE.
HARMONIE ENCHAINÉE.

CHAPITRE I.
MARCHE des PARTIES.

De la marche des parties dépend toute la bonne harmonie, aussi conseillons nous d'étudier sérieusement les différents cas qu'amènent naturellement les dites marches dans la pratique.

MARCHE PARALLÈLE. Lorsque deux parties font la même note, c'est a dire ni ne montent ni ne descendent.

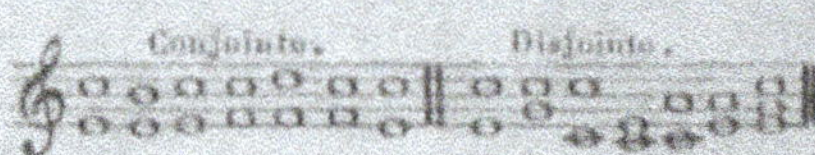

On conçoit de suite le peu de variété de cette marche, puisqu'elle n'amène jamais un accord nouveau.

MARCHE SEMBLABLE. Lorsque deux parties montent ou descendent en même temps; seulement ici se présente deux cas, ou plutôt deux espèces de marche semblable, les deux marches suivantes pouvant aussi recevoir cette division ou plutôt ce classement, nous allons en former le tableau suivant, ou il y aura les marches, semblable, oblique et contraire, soit par mouvement conjoint, soit par mouvement disjoint.

Lorsque deux parties montent ou descendent en même temps, il y a *marche semblable*.

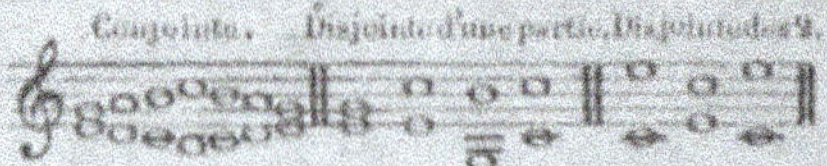

MARCHE OBLIQUE.

Lorsqu'une partie monte ou descend et que l'autre reste en place, il y a *marche oblique*.

MARCHE CONTRAIRE.

Lorsqu'une partie monte et que l'autre descend, il y a *marche contraire*.

Par l'effet de ces marches les accords deviennent bons ou mauvais, les seuls accords exempts de leur influence sont ceux de tierce, sixte et leurs dérivés, parcequ'ils sont l'élément de l'harmonie, et encore font-ils plus d'effet lorsqu'ils sont pris par les marches oblique ou contraire.

De là nous allons déduire le petit tableau suivant d'après leur richesse harmonique.

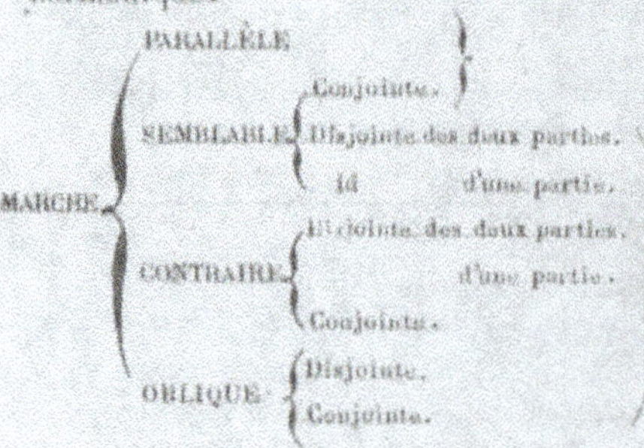

Ces differents cas sont presqu'aussi riches les uns que les autres, parcequ'ils amènent toujours un accord nouveau, mais comme ressource, ils en ont plus a mesure qu'ils descendent, c'est à dire qu'en partant de la marche parallèle jusqu'à la marche oblique, ils gagnent sur ce point.

CHAPITRE II.
HARMONIE POSITIVE.

Sous cette dénomination nous comprendrons les accords parfaits majeurs et mineurs et leurs renversements, parcequ'ils peuvent en quelque sorte se suffire à eux mêmes, c'est-à-dire qu'ils offrent tous un sens plus ou moins complet sans le secours d'autres accords.

ACCORDS DOUX, OU DE TIERCE, SIXTE ET LEURS DÉRIVÉS. Ces accords étant doux par eux mêmes, pourront se succéder par toutes les marches conjointes et disjointes; mais puisque par les lois de la nature la richesse est inhérente aux marches contraire et oblique, il est évident qu'ils seront encore bien meilleurs quand ils se succèderont avec elles, et puis en outre, la monotonie amenée par la marche parallèle finirait par nuire à leurs bonnes qualités. On sera très avare de cette marche dans la pratique, elle offre d'ailleurs bien peu de ressource puisqu'elle ne peut se combiner qu'avec les accords très doux, (sauf de rares exceptions) et qu'elle n'amène jamais un accord nouveau. *La marche semblable conjointe* est presque dans le même cas, quoique un peu moins monotone, parcequ'elle peut amener un accord mineur après un accord majeur et vice versa.

Nous ne donnerons pas d'exemple de ses accords relativement aux marches, puisqu'on sait qu'ils peuvent s'employer avec toutes sans exceptions.

ACCORDS D'OCTAVE ET D'UNISSON. [1] Ces accords n'étant proscrits que par leur nullité harmonique, et non par leur dureté, on en trouve de nombreux exemples, surtout dans le style instrumal; cependant il faudra autant que possible les éviter par les marches parallèle et semblable. Lorsque plusieurs parties font le même chant, cela n'est pas considéré comme des octaves, l'intention du compositeur étant de renforcer seulement une ou plusieurs parties. Les octaves par marche semblable, sont toujours permises, lorsqu'une des deux parties va par mouvement conjoint sur la note suivante, mais c'est surtout sur l'accord de dominante à l'accord de tonique qu'on peut les employer le plus souvent, la partie supérieure allant par 2de mineure, c'est-à-dire de la sensible à la tonique, et la basse, de la dominante à la tonique.

Le contraire peut avoir lieu, mais rarement; c'est-à-dire la partie supérieure par par mouvement disjoint, et la basse non.

Les octaves seront toujours permises, même entre les parties extrêmes, mais surtout lorsqu'une des deux parties ira par mouvement conjoint, avec la marche contraire, et les deux cas de la marche oblique.

---

(1) Nous les considérons comme accords pour la clarté des explications.

L'UNISSON devra être moins employé que l'octave sa nullité harmonique étant complète.

QUINTE. Les quintes sont proscrites par certaines marches, par la dureté qu'elles amènent dans les accords, cela vient surtout de la succession hétérogène qu'elles donnent, surtout par mouvement conjoint. Remplies par la tierce, elles forment l'accord le plus caractéristique d'une tonalité quelconque, et peuvent s'employer par le mouvement parallèle, sans quoi le cas est très rare.

C'est surtout par le mouvement conjoint qu'elles sont le plus défendues, pour la raison indiquée ci-dessus.

Deux quintes sont permises par la marche semblable conjointe, lorsque la 2ᵉ est mineure cela tient à l'at-
tracterisée de la 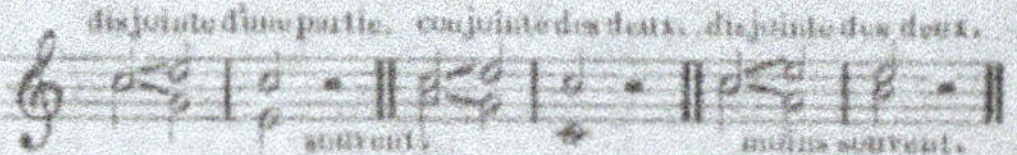 traction bien ca-
ractérisée de la quinte mineure.

Deux quintes sont défendues par la marche semblable disjointe d'une partie, surtout entre les parties extrêmes, à moins que ce ne soit de la tonique ou médiante à l'accord de dominante.

Une ou plusieurs notes ne suffisent pas quelquefois à atténuer les quintes successives, à moins qu'il n'y ait un changement d'accord entre les deux, comme nous le verrons plus loin.

Une succession de quintes est toujours permise par les marches contraire et oblique, mais c'est surtout par la marche contraire conjointe de l'une ou l'autre des parties, ou des deux à la fois que cette succession sera la meilleure.

Mais la meilleure manière d'unir entre elles plusieurs quintes, c'est de les prendre par la marche oblique, on est sûr de ne pas faire de faute, et c'est d'ailleurs la succession la plus homogène, c'est ce que les théoriciens désignent sous le nom de *préparation*.

On conçoit facilement que l'oreille ayant déjà entendu la note sous de bons auspices, c'est-à-dire comme tonique ou tierce dans l'accord précédent, elle l'acceptera plus facilement que si elle arrivait brusquement par toutes les autres marches. Il y a de nombreuses exceptions à cela, mais le cadre restreint de cet ouvrage ne nous permet pas de les indiquer, et puis en outre, pour s'en servir, il faut être maître de l'harmonie, et avoir des éléments autres que ceux pour lesquels nous le destinons.

RÉSUMÉ. Par la marche parallèle, *excessivement rare* quand la quinte est isolée, c'est-à-dire lorsqu'elle n'aura pas sa tierce intermédiaire pour former l'accord parfait.

Par la marche semblable conjointe, *jamais*, ROSSINI a fait une exception dans GUIL_ LAUME TELL qu'il faudrait bien se garder d'imiter sans avoir une idée parfaite de ce qu'on veut imiter, et être maître des règles harmoniques.

Par la marche semblable disjointe des deux parties, *très rarement*, à moins que ce ne soit pendant la durée d'un même accord, encore faudra-t-il autant que possible frapper la tierce en même temps.

Il faudra la présence de la tierce, non seulement prolongée, mais articulée, pour que l'oreille soit complètement satisfaite. Par la marche semblable disjointe, d'une partie seulement, *rarement*, à moins que ce ne soit de l'accord parfait de tonique, à l'accord de dominante comme on l'a vu précédemment.

La marche contraire disjointe, demande quant au frappement de la quinte, la même observation des règles que la précédente; pour le reste, se conformer aux observations déjà faites à ce sujet. La marche contraire conjointe, peut mieux supporter ce frap_ pement isolé, et bien plus encore la marche oblique disjointe et conjointe. Ces deux dernières marches permettent la succession des quintes comme on l'a déjà vu.

Lorsque, par la nature d'un morceau de musique, on sera dans la nécessité de man_ quer à ces règles, il faudra autant que possible que ce soit sur le temps faible de la me_ sure qui est, dans la mesure à deux temps, le 2e.; dans la mesure à quatre temps le 2e. et le 4e.; dans la mesure à trois temps, le 1er. et quelquefois le 3e., cette différence existe réellement dans ce genre de mesure, aussi les auteurs n'ont-ils fixer d'une manière po_ sitive son temps faible, dans tous les cas, le temps le plus fort est toujours le pre_ mier, dans toutes les mesures.

QUARTE. Elle est plus dure que la quinte, mais moins compromettante pour la tonalité. On devra la prendre par la marche oblique conjointe le plus possible, quelquefois par la même marche disjointe, et plus rarement par les autres marches.

Il faut éviter de la frapper isolement autant que possible, on voit que l'articulation de la note basse ou tierce de l'accord à l'état direct, en atténue la dureté.

Lorsque la quarte est produite par les parties supérieures entre elles, on peut les prendre par toutes les marches, la conjointe est cependant préférable, aussi la succes_ sion suivante est très usitée surtout dans un mouvement All°.

Mais comme les accords se comptent toujours à partir de la note de basse, il n'en sera plus de même avec le 2e. renversement des accords parfaits, une succession comme celle-ci serait mauvaise; parceque la quarte existe entre la basse et une partie supérieure. Une exception a lieu pour la succession de quarte par marche semblable entre la basse et les parties supérieures, et c'est précisément avec les mêmes notes qui nous permettaient l'exception dans les quintes, c'est-à-dire la quarte ma_ jeure Fa, Si, 2e. R. de la quinte mineure Si, Fa, la même attraction en est cause.

CHAPITRE III.

HARMONIE ATTRACTIVE.

ACCORD DE QUINTE MINEURE. Cet accord n'ayant pas comme les autres accords de trois notes contenus dans la gamme, un sens arrêté, a été naturellement placé ici, il a pour base la sensible d'une gamme majeure ou mineure, et la sous-médiante d'une gamme mineure.

Il est plus doux que les accords parfaits, mais d'une douceur vague, indécise, qui demande un repos de suite, lequel se prononce surtout pour l'accord parfait majeur, il manque de cette mâle énergie des accords parfaits, sur lesquels il est forcé de se reposer, c'est cette attraction qui en permet la succession par toutes les marches, mais comme pour les accords doux et enfin tous les autres, les marches contraire et oblique sont toujours préferables. La basse et la quinte, ne peuvent être doublées, vu l'attraction de ces deux notes sur l'accord parfait, ce qui produirait des quintes par marche semblable, ainsi que des octaves.

Majeur.   Mineur.   Sur la sous médiante du mode mineur.

Le premier renversement de cet accord est soumis aux mêmes règles que les 1ᵉˢ renversements d'accords parfaits, quant aux successions, mais contrairement à eux, il a comme à l'état direct, une tendance très prononcée pour aller sur l'accord de tonique, lorsque bien entendu, le ton est bien caractérisé, car appartenant aux deux modes, un voisinage contraire à son attraction principale, pourrait le faire dévier sans inconvénient.

Ce renversement a un avantage sur l'état direct, c'est que, sa tierce, (la 5ᵗᵉ de l'état direct) peut se doubler, cela vient de ce que, étant au milieu de l'accord, elle perd un peu de son attraction

Le 2ᵉ renversement peut quelquefois se prendre par la marche semblable et conjointe, même après une autre quarte, voir à l'article QUARTE.

ACCORD DE QUINTE MINEURE ET SES DEUX RENVERSEMENTS.

Ut majeur, ou mineur en bémolisant le Mi.   La mineur ou majeur en diézant l'Ut.
ou la mineur.   ou Fa # mineur.

La 3ᵉ de l'accord peut se doubler dans toutes les positions, parcequ'elle n'a pas une attraction si forte que les autres notes.

ACCORD DE SEPTIÈME DE DOMINANTE. Cet accord est le plus important après l'accord parfait, de tous ceux que comportent et la gamme majeure et la gamme mineure, il caractérise nettement la tonalité, il a quatre notes qui, par l'effet du renversement, donnent quatre positions différentes, allant toutes forcément sur l'accord de tonique.

Ut majeur.

Mêmes observations pour le min: relatif ou de même base. Lorsqu'on veut une résolution bien douce avec l'accord de 7ᵉ dominante à l'état direct, il faut supprimer la dominante de l'accord parfait, voir l'exemple ci-joint. Si l'on veut au contraire, la dominante dans l'accord parfait il faut supprimer la quinte de la 7ᵉ et doubler la fondamentale qui sera forcément prise par marche oblique.

Le SOL, basse de l'accord — marche libre, pourvu qu'il n'amène pas de mauvais accords par marche semblable.
Le SI, tierce de l'accord — sur la tonique, quelquefois sur la dominante ou sur la médiante.
Le RE, quinte de l'accord — sur la tonique, ou la médiante, bien plus rarement sur la dominante.
Le FA, septième de l'accord — sur la médiante, très rarement sur la dominante, presque jamais sur la tonique.

Les notes qui ne font pas partie des accords que nous avons vu et que nous verrons, doivent être considérées comme nulles, nous en parlerons plus loin, l'attention doit strictement se porter sur les indications seulement.

Voici un exemple pris dans **WEBER**, c'est une résolution retardée de 7.e dominante, et en outre où la première et la troisième parties, échangent entre elles la 5.te et la 7.e de l'accord, tandis que la basse et la seconde partie font entendre la fondamentale.

On voit que cela se passe en famille, et que toutes les notes ainsi échangées appartiennent au même accord, dans ce cas nous savons qu'on peut se permettre certaines infractions aux règles établies. L'accord de septième de dominante ainsi que ses renversements sont très employés, dans tous les genres de musique, c'est avec lui, suivi de l'accord parfait, qu'on détermine franchement la tonalité, parcequ'il n'appartient qu'aux tons majeurs ou à leurs mineurs de même base, tel que Ut majeur et Ut mineur. Lorsqu'on doit supprimer une note, il faut autant que possible que ce soit la quinte de la dominante, précisément celle qui n'a pas d'attraction bien prononcée.

ACCORDS DE SEPTIÈME DE SENSIBLE. Il est composé des mêmes intervalles, que celui de la 7e de dominante, seulement, ils diffèrent par leur disposition, c'est-à-dire que la 7e dominante a deux 5tes mineures consécutives à la fin, tandis que la 7e de sensible les a au commencement, il est beaucoup moins employé que lui et le précède presque toujours.

La 7e de sensible majeure n'est pas composé des mêmes intervalles que la 7e sensible mineure, ou 7e diminuée.

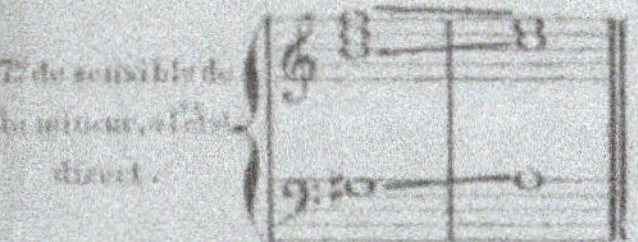

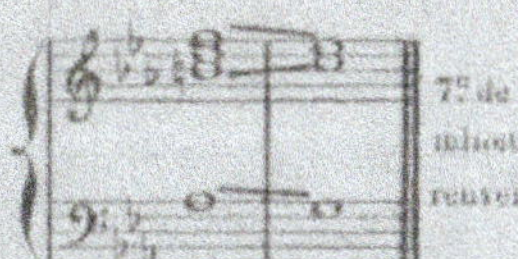

La 7e sensible mineure offre beaucoup plus de ressource que la 7e sensible majeure, 1° en ce qu'elle peut s'employer dans le majeur et dans le mineur, et l'autre non. 2° en ce que les notes qui la composent, peuvent occuper n'importe qu'elle place par rapport à elles mêmes, tandis que dans la 7e sensible majeure, la note 7e doit toujours être à distance de 7e de sa fondamentale (*vérifiez*)

Cela tient à ce qu'en remplaçant dans le mineur, l'altération ascendante de la fondamentale, par la note immédiatement au dessus altérée en descendant, on en fait un accord de même espèce, à son 3e renversement.

7e de sensible de la mineur, à l'état direct.

7e de sensible d'Ut mineur, à son 3me renversement.

Il faut bien faire attention aux quintes qui pourraient survenir naturellement par la résolution naturelle de cet accord, et que nous avons à peu près indiquées par les notes noires. Il y en a cependant qui sont permises, mais pour ne pas embrouiller l'esprit nous dirons qu'il vaut mieux toujours les éviter, c'est meilleur.

ACCORDS DE 9.ᵉ DE DOMINANTE MAJEUR ET MINEUR. Ces accords étant composés des mêmes éléments que les deux accords réunis de 7.ᵉ de dominante et de 7.ᵉ de sensible, les
mêmes règles leur seront applicables, avec cette différence qu'ils ne s'emploient qu'à
l'état direct et en maintenant la distance de 9.ᵉ entre les extrêmes, et celle de 7.ᵉ entre
la 3.ᶜᵉ de l'accord et la 9.ᵉ dans le majeur seulement.

On peut quelquefois intervertir l'ordre des autres notes, si elles n'amènent pas de mauvais
intervalles, mais il vaut mieux s'en tenir à la règle principale.

Ces accords ne s'employant qu'à l'état direct, nous ne donnerons pas d'exemples pour
les renversements, laissant au lecteur le soin de ce travail.

Remarquez que la 5.ᵗᵉ est supprimée partout, précisément la note qui n'a pas d'attraction bien déterminée. Il faut bien remarquer aussi, que dans les accords précédents, c'est-à-dire de 7.ᵉ sensible et 9.ᵉ de dominante majeurs et mineurs, que dans
les 1.ʳᵉˢ la fondamentale monte d'un degré comme sensible du mode, majeur ou mineur, et dans les seconds, elle est soumise aux règles de la fondamentale de la 7.ᵉ domi.

La 5.ᵗᵉ des 7.ᵉˢ sensib: ou la 7.ᵉ des 9.ᵉˢ devront se conformer aux règles de la 7.ᵉ dans l'accord
de dominante. La 7.ᵉ dans les 7.ᵉˢ, ou la 9.ᵉ dans les 9.ᵉˢ devront rigoureusement descendre d'un
degré. Une seconde majeure dans le majeur, et une seconde mineure dans le mineur.

Dans toute l'harmonie attractive, les notes gardent leur caractère particulier dans
les renversements comme dans l'état direct, c'est-à-dire que l'attraction reste la même.

La suppression de notes, devra porter, comme dans la 7.ᵉ de dominante, sur les notes
les moins caractéristiques, c'est la quinte comme on l'a vu plus haut dans la 7.ᵉ ou 9.ᵉ
de dominante, qui devient tierce dans la 7.ᵉ sensible, je me répète à dessein, ce
sont des choses qu'on ne retient jamais assez.

Lorsqu'on sera obligé d'en supprimer plusieurs, la suppression ne devra jamais
porter sur les extrêmes, à moins qu'on ne veuille détruire l'origine de l'accord, avec
ce qui a été dit sur ce sujet au commencement de cet ouvrage, il sera facile d'employer la suppression d'une ou plusieurs notes.

Tous les accords appartenant a l'harmonie attractive, peuvent s'employer par toutes les marches, cependant on concevra facilement que, puisqu'ils sont durs d'eux mêmes, il faudra s'abstenir le plus possible de la marche parallèle surtout, ensuite de la marche semblable disjointe des deux parties, a moins que ce ne soit pendant la durée du même accord, et encore très rarement.

Toutes les autres marches pourront s'employer, la marche contraire conjointe et la marche oblique, seront toujours celles qu'on devra se servir de préférence.

CHAPITRE IV.
HARMONIE DECISIVE.

Nous comprenons sous ce nom là, toutes les cadences, c'est-a-dire l'harmonie qui fait pressentir et qui décide de la tonalité. Il est inutile de mentionner ici tous les noms que les auteurs ont donné à ces cadences, il n'y en a réellement que quatre, qui sont : la cadence finale ou parfaite, la cadence imparfaite, la demi-cadence, et la cadence évitée, résumons dans le tableau suivant, les attributs de chacune d'elles.

CADENCE.

FINALE ou PARFAITE. — Résolution de l'accord de 5te ou de 7e de D.te à l'état direct, sur l'accord de quinte de tonique ou parfait à l'état direct.

IMPARFAITE. — Les auteurs ont donné une foule de noms a cette cadence, ils l'ont appelée *imparfaite*, seulement lorsque l'accord de 5te de dominante se résolvait sur la médiante ; *rompue*, lorsqu'un accord quelconque, mais surtout les accords de 5te ou de 7e de dominante se résolvaient sur le 6e degré, ou sous-sensible ; *suspendue*, lorsqu'elle tenait en suspend la cadence parfaite, etc. etc. Pour éviter d'embrouiller la mémoire, nous appèlerons *imparfaites* toutes les cadences autres que les quatre principales, la résolution des renversements de l'accord de 7e de dominante, des 7es de sensible majeure, mineure, et leurs renversements, (1) La cadence plagale qui est la résolution de l'accord de sous-dominante renversé ou non sur l'accord de tonique, ne se faisant qu'après la cadence parfaite, et ne donnant qu'un repos vague, sera considérée comme *imparfaite*.

5te DOMINANTE ou DEMI-CADENCE. — Résolution de n'importe quel accord de la tonalité sur l'accord de 5te ou de 7e de dominante, soit à l'état direct, soit à l'état de renversement, le premier cependant étant plus déterminatif.

ÉVITÉE. — La résolution étrangère a l'attraction de l'accord précédent ; surtout des accords de 7e de dominante, 7e de sensible, directs ou renversés.

Nous ne donnerons des exemples de cette dernière qu'au chapitre de l'harmonie modulative.

Le lecteur ne saurait trop étudier ce chapitre, car ce n'est que lorsque l'on saura bien distinguer les différentes espèces de cadences, qu'on pourra déterminer l'harmonie a mettre sous un chant donné, qui est toujours composé d'une suite de cadences plus ou moins fortes, plus ou moins caractéristiques.

---

(1) Les 9es de dominante, majeure et mineure se résolvent toujours sur l'octave de la basse, sont considérées, comme des 7es de dominante, et font par conséquent, une cadence parfaite dont la quinte est prise par marche oblique, elle est moins concluante, que celle faite avec l'accord de 7e de dominante proprement dit.

Voir un exemple de cadence imparfaite *(suspendue)* de WEBER à la page . Les dernières cadences ci-dessus, de GOUNOD, aurait pu se terminer aussi bien en majeur qu'en mineur. Il y a une espèce de cadence, qui terminée en mineur, se prolonge plus ou moins, pour finir complètement en majeur, on l'appelle tierce picarde, le contraire n'a pas lieu.

Cette dernière cadence doit être comprise dans les cadences imparfaites, comme celle appelée plagale. On ne s'en sert que dans le style religieux, parcequ'elles laissent l'esprit dans l'indécision, ce que les paroles latines des morceaux religieux indiquent souvent.

CHAPITRE V.
HARMONIE FICTIVE.

Nous comprendrons sous cette dénomination tous les accords non mentionnés antérieurement, tels que l'accord de *Quinte maxime*, de *septièmes de sous-médiante*, de *médiante*, de *sous-dominante*, etc. etc.

ACCORD DE QUINTE MAXIME. Nous aurions dû parler de cet accord plutôt, puisqu'il appartient naturellement à la gamme diatonique mineure, mais comme ce n'est pour la plupart du temps qu'un accord de transition pour arriver moins brusquement à la note qui est à une seconde mineure au dessus de si quinte, et qu'on peut la supprimer sans changer positivement la nature de l'accord, nous l'avons placée ici, comme les autres accords de trois notes, elle a deux renversements.

La manière la plus usitée de la prendre, est par la marche oblique chromatique, mais on peut aussi l'employer par la marche oblique disjointe en l'attaquant d'emblée, comme le montre les trois derniers exemples ci-dessus, nous conseillons d'éviter autant que possible cette dernière manière, qui amène des duretés dans l'accord, et le rend souvent méconnaissable. FAUSSE RELATION. On appelle ainsi une note entendue naturelle dans une partie et devenant altérée, dans une autre, elle est proscrite du style vocal, par la difficulté qu'un chanteur, même assez exercé, aurait à la faire juste.

Il faudra donc, lorsqu'on aura une note à altérer, faire en sorte que ce soit la même partie qui supporte l'altération, de cette façon il n'y aura aucune difficulté pour l'intonation.

ACCORDS DE SEPTIÈME DE SOUS-MÉDIANTE. On le rencontre très souvent, ainsi que ses renversements, dans la musique sérieuse, le premier surtout est plus fréquemment employé, même que l'état direct.

Il s'emploie quelquefois sans être unis par le signe liaison, on articule alors la 7ᵉ dans la mesure suivante, mais ainsi que les autres accords de 7ᵐᵉ et 9ᵐᵉ, de 11ᵐᵉ, de 12ᵐᵉ et de 14ᵐᵉ qui vont suivre, ils ont cette particularité, qu'ils *s'emploient toujours par la marche oblique conjointe*. C'est à dire que la 7ᵉ doit toujours descendre d'un degré, les mêmes ne se rencontrent que sur les temps forts ou la partie forte des temps, et font leur résolution sur le temps faible ou la partie faible des temps, on en suprime ordinairement la quinte, ils sont plus doux de cette manière.

MODE MAJEUR.

ACCORD de 7.e de MÉDIANTE. · L'impression de Mi mineur en rend l'emploi très rare.

ACCORD de 7.e de SOUS-SENSIBLE. · L'impression de La mineur en rend l'emploi très rare.

ACCORD de 7.e de SOUS-DOMINANTE. · Très-dûr, a cause de la 2.de mineure que donne le renversement Mi-Fa.

ACCORD de 7.e de TONIQUE. · Très-dûr, a cause de la 2.de mineure que donne le renversement Si-Ut.

MODE MINEUR.

ACCORD de 7.e de SOUS-MÉDIANTE. × · Comme l'accord de 7.e de sensible en majeur.

ACCORD de 7.e de SOUS-DOMINANTE. × · Comme l'accord de 7.e de sous-médiante en majeur.

ACCORD de 7.e de MÉDIANTE. · Excessivement dur, a cause de la 5.te maxime Ut-Sol ♯, et de la 7.e majeure, ou 2.de mineure Ut-Si ou Si-Ut.

ACCORD de 7.e de SOUS-SENSIBLE. · Comme l'accord de 7.e de sous-dominante en majeur.

ACCORD de 7.e de TONIQUE. · Très-dur, comme celui de tonique en majeur.

Tous ces accords, a l'exception de ceux marqués d'une croix, sont très-rarement employés, les uns comme compromettants pour la tonalité, les autres a cause de leur dureté. Il en est de même de leurs renversements.

C'est surtout dans les progressions harmoniques que leur emploi est le plus fréquent sur les temps forts seulement, et sur les temps faible, si le temps fort est déjà occupé par l'un d'eux.

Une particularité inhérente a ces accords, c'est qu'ils ne s'emploient que par la MARCHE OBLIQUE, et surtout dans la partie supérieure.

Comme dans les accords attractifs, on peut en supprimer la quinte sans inconvénient. Il faut en exceptercomme on l'a déjà vu, les 7.es de sensible majeure et mineure, car c'est la tierce et non la quinte qui doit être supprimée, mais cette tierce n'est en réalité que la quinte des 7.es et 9.es de dominante.

ACCORD de 11.e du TONIQUE. · C'est l'accord de 7.e de dominante sur la tonique. Il est rarement employé à cause de sa dureté. Memes observations pour le mineur.

ACCORD de 13.e du TONIQUE. · C'est l'accord de 7.e de sensible ou de 9.e de dominante sur la tonique. Comme le précédent il est rarement employé à cause de sa dureté.

CHAPITRE VI.

HARMONIE EXPLÉTIVE.

Voilà un sujet très difficile à traiter d'une manière positive, et dont on ne peut donner aucune règle précise, quoiqu'en disent les théoriciens; d'ailleurs, leurs théories ne s'accordent pas la plupart du temps, de là, naît évidemment la confusion la plus complète qu'on puisse voir dans une science.

Nous allons essayer de faire comprendre le mieux possible, la manière d'employer les différentes espèces de notes passagères dont on verra les noms au fur et à mesure qu'elles seront traitées.

Nous ne changerons pas les noms que leur ont donné la généralité des théoriciens, mais dans le grand traité de composition que nous sommes après faire, nous présenterons l'harmonie d'après un système tout nouveau, il sera clair et précis, deux choses essentielles en pareil cas, cela dit entrons en matière.

Une gamme quelconque dans son état normal, donnant fortement l'impression du ton qu'elle représente, on pourra donc, placer sous elle, comme base fondamentale, sa première note, ou tonique; la médiante pourra également s'employer; mais moins souvent la dominante, à moins que ladite gamme ne se trouve entre des accords ne laissant aucun doute sur la tonalité.

On comprend facilement que la gamme ayant huit notes (en comptant l'octave) dont quatre constituent l'accord parfait, et les quatre autres l'accord de 7ᵉ sensible, les quatre premières devaient l'emporter, cependant la même gamme disposée autrement devra s'accompagner avec l'accord de 7ᵉ de dominante.

Quand la tonique commençait la gamme sur le temps fort elle l'emportait sur l'accord de 7ᵉ de dominante, mais comme elle ne commence que sur le temps faible, le temps fort est supposé occupé par la sensible que nous avons mis au dessous du $\frac{1}{4}$ soupir, elle n'a plus la même force, 1ᵉ parcequ'elle n'a que trois notes à opposer aux cinq qui constituent entre elles l'accord de 9ᵉ de dominante, (le sol est commun aux deux) 2ᵉ les dites notes se trouvent à la partie faible des temps, ce qui complète leur nullité.

---

(1) Il faut considérer les blanches de la partie supérieure, liées aux croches, comme ses dernières, c'est pour les mieux faire remarquer, cela soit dit une fois pour toutes.

Une gamme descendante aurait une tendance plus prononcée à supporter plusieurs accompagnements, c'est ce motif qui a fait que la majeure partie des théoriciens ont estropié la gamme mineure, en supprimant la sensible en descendant.

Voici deux exemples puisés dans les œuvres du compositeur HANDEL, on peut voir que la même gamme y est accompagnée différemment dans deux mesures différentes, et dans la même mesure.

La note *Sol* qui commence ou finit chaque série, fait partie de l'accord placé au dessous, en outre, elle est toujours liée aux notes passagères, par le mouv.^t conjoint.

Entre deux notes faisant partie de l'harmonie placée au dessous, on pourra toujours y introduire, une ou deux notes passagères comme le montre les exemples ci-dessus.

Les notes passagères peuvent avoir lieu à la basse, comme dans les parties supérieures, mais avec beaucoup plus de précaution, sans quoi on s'exposerait à faire de la mauvaise harmonie, avec tonalité douteuse.

Les notes de passage sur les temps forts ou la partie forte des temps, sont appelées par les théoriciens, *appogiatures*, comme elles sont également étrangères à l'harmonie placée au dessous, nous n'en ferons pas de différence quant à présent; ainsi dans les exemples ci-dessus, toutes celles marquées d'une petite croix sont des appogiatures, non seulement elles peuvent s'employer une à une successivement, mais encore doublées, triplées, avec obligation rigoureuse, qu'elles fassent entre elles un accord de tierce ou de sixte, ce que l'on comprendra facilement; en effet, puisqu'avec la basse, elles forment de mauvais accords, il faut au moins qu'elles en fassent de bons entre elles, pour atténuer un peu la dureté qu'elles amènent inévitablement.

Si on continuait une succession de tierces, cela deviendrait intolérable à cause des accords compromettant pour la tonalité et la modalité; dans le commencement des phrases, il ne faut jamais accompagner la tonique avec sa tierce inférieure, cela donnerait trop l'impression du mineur relatif, et serait par conséquent mal accompagné par l'accord parfait majeur; si cette tierce se trouve dans le courant de la succession elle a moins d'influence et peut se tolérer.

<hr>

(1) Les blanches employées à la partie supérieure, n'ont que la valeur des croches, c'est simplement pour mieux les faire remarquer.

Les sixtes sont beaucoup moins compromettantes pour la tonalité et la modalité, quoique cela, il faut autant que possible, surtout si le mouvement est lent, éviter ces accords douteux.

Quelquefois le mouvement conjoint n'existe que d'un côté, de cette façon le tuteur se trouve tantôt à droite *(véritable note passagère)* tantôt à gauche *(appogiature)*

Dans ces cas là, le mouvement conjoint est supposé, c'est-a-dire qu'on sous entend l'Ut entre le Ré et le Si, ou entre le Si et le Ré.

Malgré cette disposition, on peut les doubler en tierce ou en sixte, ce qui amènera plus souvent encore, des accords qu'on pourrait appeler *mixtes*, voici d'ailleurs, les différents cas que peuvent produire les notes passagères, soit par le mouvement conjoint complet, c'est-à-dire à droite et à gauche, soit par le mouvement conjoint incomplet, ou à droite seulement, ou à gauche seulement, elles sont nommées notes de broderie.

Mouvement conjoint complet ou incomplet: accord de tierce ou de sixte appartenant à l'accord au dessous.

Mouvement conjoint complet ou incomplet: accord de tierce ou de sixte dont une note seulement appartient à l'accord placé au dessous, nous allons analyser les mesures suivantes, afin de bien faire comprendre ces différents genres de notes passagères.

La note passagère appelée appogiature est toujours plus accentuée que la note passagère proprement dite, et son attraction est beaucoup plus forte, aussi se trouve-t-elle *toujours* sur le temps fort ou la partie forte du temps, quoiqu'en disent quelques théoriciens, dont nous respectons l'opinion, sans adopter la théorie, néanmoins nous nous servirons de leurs expressions, afin de ne pas trancher trop au vif, ce qui nuirait à l'étude des autres traités d'harmonie.

Les *Si* des deux premières mesures sont des appogiatures, ainsi que le *Sol* de la 4e quant au *La* de la 5e il n'en fait que les fonctions, puisqu'il appartient à l'accord placé au dessous.

Comme les notes passagères proprement dites, les appogiatures peuvent être inférieures aussi, mais dans ce cas, elles sont presque toujours à une seconde mineure de la note de l'accord.

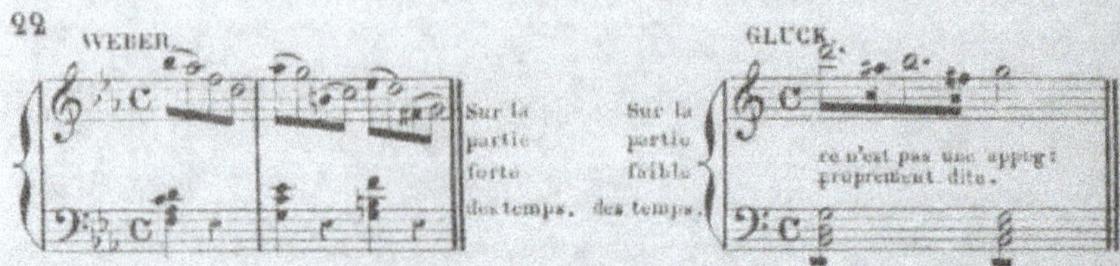

On peut aussi s'en servir a la basse, avec beaucoup de précaution, sans quoi on s'exposerait a faire de l'harmonie douteuse et détestable.

Les notes passagères dites appogiatures, peuvent aussi se doubler, se tripler, mais avec précaution.

Quelquefois une des notes seulement monte d'une 2.de mineure, tandis que l'autre monte d'une 2.de majeure, le goût seul peut juger dans ce cas, comme dans beaucoup d'autres.

Une appogiature peut encore tenir toute une mesure, mais, il faut que l'attraction soit bien forte.

Il y a encore des notes étrangères a l'accord placé au dessous, mais qui prennent des noms différents, nous allons en donner un aperçu, on comprend que le cadre de cet ouvrage ne nous permet pas de citer le système particulier a chaque auteur, ni de donner une quantité d'exemples, mais la manière dont nous expliquerons chaque exception à la règle générale d'accompagnement, permettra a toute personne connaissant seulement les notes, de les comprendre sans aucune difficulté.

Et puis comme nous l'avons dit au commencement, notre ouvrage est spéciale_ment destiné aux personnes qui veulent composer de la musique fugitive, légère, et non des symphonies et des opéras, quoique renfermant tout ce que comporte son sujet.

NOTES PASSAGÈRES APPELÉES RETARDS. Ce sont les mêmes que les précédentes, avec cette différence qu'on doit entendre la note retardée dans l'accord précédent, qui doit toujours être un accord doux, c'est ce que les auteurs appellent *préparation*.

Elles n'ont lieu que sur les temps forts de la mesure, ou la partie forte des temps, elles doivent se résoudre au degré au dessous ou au dessus; quand elles sont supé- rieures elles peuvent être a une seconde majeure ou mineure, mais lorsqu'elles sont inférieures elles doivent, sauf de rares exceptions se trouver a une seconde mineure, toutes ces observations s'appliquaient également aux notes passagères précédentes.

Ce sont ces espèces de notes qui sont les plus difficiles a traiter, il faut être bien maître de l'harmonie positive et attractive. Elles font partie de l'harmonie fictive, en ce qu'on peut les supprimer sans changer l'origine de l'accord. Com- me les 7.es traitées dans le chapitre V, auxquelles elles ressemblent quelquefois a point de les confondre.

Elles produisent la pluspart du temps des duretés insupportables si elles ne sont pas de la plus grande justesse possible.

Nous n'expliquerons pas en détail tous les retards, nous formulerons toutes les règles qui concernent l'harmonie fictive, en disant: qu'elle devra *toujours être prise par la marche oblique*, a l'exception des appogiatures, qui ayant une plus forte tendance à se résoudre, peuvent se prendre par les trois marches: semblable, oblique et contraires.

Les retards les plus usités sont, en première ligne: *le retard de la tierce par la quarte.*

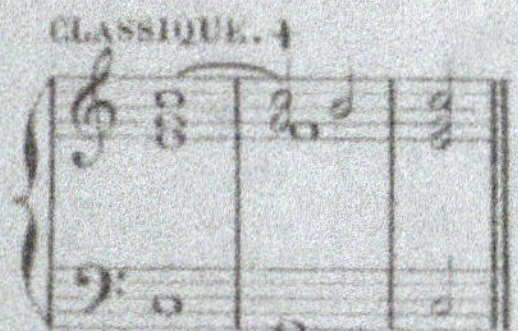

A la mesure deux de l'exemple de Weber, c'est un retard de tierce proprement dit, il est articulé, tandis que dans le classique il est lié, mais malgré cela c'est bien un retard facile a reconnaître; a la mesure quatre on ne pourrait préciser si c'est un retard, ou si le La supérieur est une appogiature, l'accord peut donc être considéré des deux manières suivantes: (1)

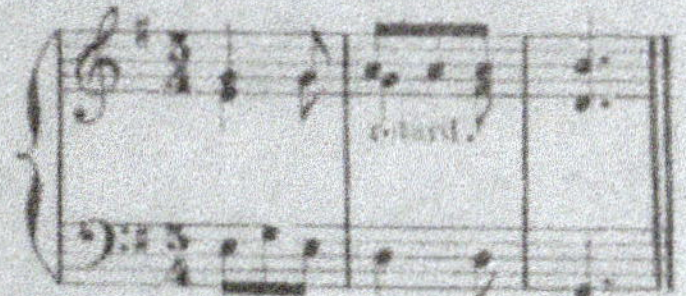

Il est impossible de donner des règles précises sur les notes composant l'har- monie fictive, les compositeurs modernes ont tellement cherché a faire du nou- veau qu'ils ont employé presque toutes les combinaisons. On peut encore user as- sez souvent du *retard de la quinte par la sixte*, c'est un accord très doux.

---

(1) C'est bien réellement une appogiature, mais pouvant, a cause de la note de passage SOL, présenter plusieurs aspects.

Dans le 3º exemple ci-dessus la succession est mauvaise, a cause des deux 5ᵗᵉˢ, outre la basse et la partie supérieure, car rappelons nous bien que ces notes ne font pas directement partie de l'harmonie placée au dessous, et qu'en supprimant la 6ᵗᵉ, la 5ᵗᵉ se trouve à découvert, et produit par conséquent ce que les théoriciens appellent *quinte retardée*. Il en est de même pour tous les accords défendus par la marche semblable. On peut les employer a deux parties et plus. Mêmes observations que pour les 7ᵉˢ fictives et les appogiatures.

SYNCOPE. On pourrait presque dire que la syncope est la contre partie du retard. Elle commence sur le temps faible ou la partie faible des temps, et a l'inverse du retard, fait sa résolution sur le temps faible ou la partie faible des temps, et les change en quelque sorte, en temps ou en partiesforts. Elle donne lieu à deux cas:

1º Lorsqu'elle fait partie de l'harmonie placée au dessous.

Il n'y a rien a ajouter a ce 1ᵉʳ cas, quant au 2º, il peut etre considéré, comme retard ou comme anticipation proprement dit; en effet: retard si l'on considère la 1ʳᵉ note comme se prolongeant sur la 2ᵐᵉ; anticipation, si au contraire la 2ᵉ note est considérée comme devançant son accord positif.

Comme justification, ces exemples doivent se réduire comme suit:

Il n'y a donc qu'a supprimer la syncope, pour vérifier l'exactitude des règles.

GRUPETTO. Ces espèces de notes, appartenant à la mélodie, seront traitées dans le vo_lume de la composition.

ANTICIPATION. L'anticipation, comme l'indique son nom, devance l'accord annoncé par l'accord pénultième, elle peut être partielle ou totale.

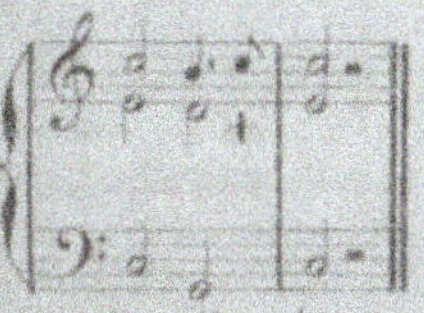

A la partie supérieure.

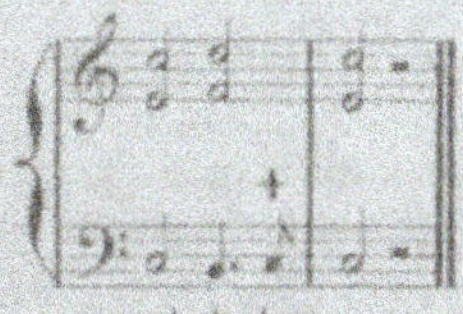

A la basse.

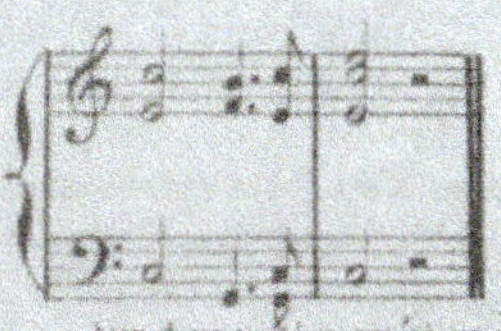

Aux deux parties supérieures

Dans les deux 1ers exemples l'anticipation est prononcée, mais dans le 3e, ce n'est pas une anticipation, c'est un accord très naturel, puisque c'est l'accord parfait, a l'état direct ou a son 2e renversement, comme l'indiquent les deux notes de la basse.

RETARDS SE RÉSOLVANT A UN INTERVALLE PLUS GRAND QUE LA SECONDE. Ces sortes de notes passagères, ont, malgré l'éloignement de leur résolution, une attraction assez pro_noncée sur elle.

(1)

On voit que cette note peut toujours se résoudre sur une des notes de l'accord placé au dessous, soit à l'état direct, soit à l'état de renversement.

PÉDALE. Cette note passagère s'emploie surtout à la basse, on peut l'employer dans les autres parties, mais moins souvent.

Beaucoup de personnes en font un abus, parcequ'elles sont embarrassées pour trou_ver l'harmonie d'un morceau, mais il faut bien se garder de suivre leur exemple, et n'em_ployer la pédale que pour produire des effets imitatifs. Elle se fait généralement sur la tonique, ou sur la dominante, avec cette dernière elle prend plutôt le nom de *tenue*.

Il faut faire passer sur elle, au moins autant d'accords lui appartenant directement, que d'autres ne lui appartenant que par la tonalité, sans quoi on ferait de l'harmonie détestable; il faut en outre la maintenir le plus possible dans le grave.

Celles qu'on ferait avec la médiante et les autres notes de la gamme, seraient com_promettantes pour la tonalité.

Pédale sur la tonique, à la basse.

Pédale sur la dominante, à la basse.

Ces deux exemples sont plutôt des tenues.

Pédale intermédiaire sur la tonique.

Pédale supérieure sur la dominante.

(1) On a déjà pu remarquer que nos exemples ne doivent être considérés que comme démonstration, et non comme exécution au piano, une grande partie au moins est dans ce cas.

Les exemples précédents sont des plus élémentaires, il y a des pédales très compli_quées, où il y a même des modulations passagères, mais nous conseillons de s'en abs_tenir avant d'être a même de les employer à propos. Il faut toujours que la tonalité soit bien établie pour faire usage de la pédale, d'ailleurs il en est de même de toutes les no_tes ne faisant pas partie de l'accord placé au dessous.

La pédale doit toujours se résoudre sur la tonique. La partie la plus grave après la pé_dale a la basse, en fait les fonctions, et doit par conséquent se conformer aux règles pres_crites pour elle. On peut doubler, tripler la pédale, on peut même les employer toutes les deux a la fois, c'est-a-dire sur la tonique et sur la dominante en même temps, mais il faut toujours qu'au moins une des deux fasse partie de l'accord.

CHAPITRE VII.

HARMONIE ALTÉRATIVE.

Indépendamment de toutes les notes ne faisant pas partie directement de l'harmonie placée au dessous, les altérations viennent encore ajouter a la variété des accords, au point de les rendre méconnaissables.

C'est surtout sur la quinte des accords que les altérations se font le plus souvent, pré_cisément la note la moins caractéristique, et celle, qui, dans les successions, avait la marche libre. Lorsque l'altération se fera par le dièze, l'accord de quinte majeure devien_dra *maxime*, et celui de quinte mineure, *majeur*. Lorsqu'au contraire, l'altération se fera par le bémol, l'accord de quinte majeure deviendra *mineur*, et celui de quinte mi_neur, *minime*.

ALTÉRATION ASCENDANTE DE LA 5te.

Le cadre de cet ouvrage ne nous permettant pas de développer les règles par des exemples, nous formulerons ainsi l'altération de la quinte : On pourra altérer la quinte d'un accord quelconque, pourvu qu'elle n'amène pas un mauvais intervalle, la *tierce minime* en étant souvent le résultat, il faudra, toutes les fois qu'elle se rencontrera, la présenter sous forme de 6te *maxime*. (voir ci-dessus les 7es et 9es)

Lorsqu'il sera impossible de remplir cette condition, on devra la tenir a distance de 3^{ce} *minime redoublée ou* 10e. (voir le 2e R^t de 7e dominante.)

ALTÉRATION DESCENDANTE DE LA QUINTE. On pourra, comme les précédentes, l'em_ployer lorsqu'elle n'amènera pas de mauvais intervalles, la 3^{ce} *minime* en étant souvent le résultat, on devra la présenter par le renversement, ou a distance de 10e, cela soit dit une fois pour toutes.

ALTÉRATION ASCENDANTE DE LA TIERCE. Cette altération ne donnant aucun accord nouveau, ou des accords inusités, nous dirons seulement qu'elle rend *majeur* un ac_cord *parfait mineur*, et *mauvais* l'accord parfait majeur, ainsi que ceux de 7°. et 9°. dominante. Pour les accords de quinte mineure et 7°. sensible, se conformer aux pres_criptions relative a la 3°. minime.

ALTÉRATION DESCENDANTE DE LA TIERCE. Cette altération rend *mineur* l'accord parfait majeur, et fait une *quinte mineure* de l'accord parfait mineur, se conformer aux règles prescrites pour la quinte mineure.

ALTÉRATION ASCENDANTE DE LA FONDAMENTALE. Elle fait un accord de *quinte mineure* de l'accord parfait majeur; dans l'accord parfait mineur, se souvenir de la *tierce minime*. Elle fait des 7°. *sensible* des 7°. *dominante*; inusitée dans les autres accords.

ALTÉRATION DESCENDANTE DE LA FONDAMENTALE. Elle produit un accord de 5°. maxime avec les accords parfaits majeur et mineur et un accord de 5°. majeure avec la 5°. mineure.

ALTÉRATION DE L'OCTAVE DE LA FONDAMENTALE. Rarement usitée a cause des du_retés inévitables qu'elle apporte avec elle.

ALTÉRATION DES NOTES PASSAGÈRES. Non seulement les altérations peuvent avoir lieu sur les notes appartenant directement a l'accord, mais encore sur toutes les notes de la tonalité, à la condition expresse qu'elles soient prises par la marche o_blique et le mouvement conjoint.

On a vu qu'on pouvait lier par des notes passagères, deux notes appartenant a l'accord placé au dessous, ces dernières pouvant être a intervalle de 3°. ou 4°.; par le fait de l'altération des unes et des autres, nous obtiendrons une gamme appelée chromatique, qui ne changera en rien la tonalité.

GAMME CHROMATIQUE ASCENDANTE.

GAMME CHROMATIQUE DESCENDANTE.

Remarquons cependant qu'il faut que ces gammes aient une certaine rapidité, si on ne veut pas par trop blesser l'oreille. Nous recommandons beaucoup de réserve pour l'emploi des altérations, en conseillant de ne se servir que des principales. On fait un rare usage des altérations doubles, celle-ci est très usitée.

L'altération peut même quelquefois comme dans les gammes chromatiques, se trouver avant la note naturelle.

S'il fallait donner des exemples de toutes les altérations, il faudrait de volumineux ouvrages, et encore on n'y parviendrait pas, mais nous pensons qu'avec ces données, le lecteur studieux pourra y suppléer par le travail.

CHAPITRE VIII.
HARMONIE MODULATIVE.

Ce chapitre se lie en quelque sorte au précédent, et comme lui peut amener la plus grande variété possible, et la plus riche; en effet, les notes qui avaient une marche fixée d'avance pourront ici, s'en affranchir lorsqu'elles voudront surprendre l'oreille, ce qui pourra arrivé assez souvent, pour éviter la monotonie. Plus les différents tons ont de notes communes, plus il y a de facilité à les unir, partant de ce principe, les modulations les plus naturelles seront en majeur: celles de Ut a Sol et de Ut a Fa; en min: de Ut a La mineur et de Ut majeur a Ut mineur. Les modulations par quinte ascendante prennent un dièze de plus ou un bémol de moins. Celles par quinte descendante ont toujours un bémol en plus ou un dièze en moins.

Il est a remarquer que les dominantes deviennent toniques de la gamme par quinte ascendante. Dans les modulations a la quinte descendante, ce sont les sous-dominante qui deviennent tonique.

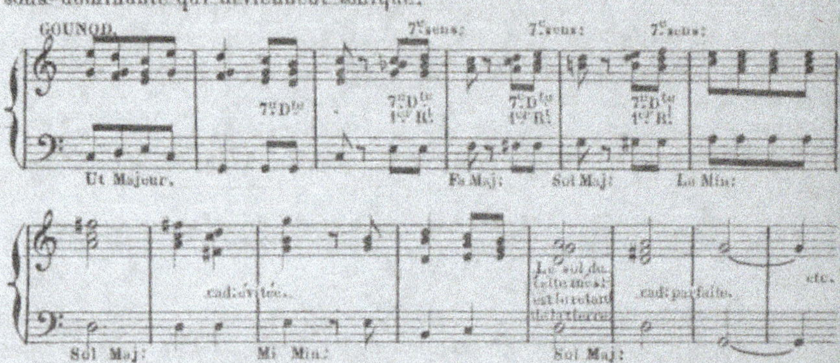

Cette exemple module presqu'a chaque mesure, et ce sont toutes des modulations très-douces, appartenant aux tons les plus voisins, et comme on peut le voir, c'est surtout avec les sensibles que la basse fait ces modulations si rapprochées.

On comprend que les notes sont libres lorsque la cadence change de détermination, et fait une résolution innatendue, appelée par différents auteurs, rompue, évitée, par tromperie, etc. C'est dans les modulations qu'il faut chercher la variété, mais pour les faire il faut être bien maitre des accords, afin de ne pas choquer l'oreille, c'est surtout dans les classiques que l'on trouve de belles modulations, Haydn, Mozart, Beethoven, Weber, Handel, Mendelsshon, etc, ont fait des œuvres sublimes, dont on ne saurait se lasser d'admirer, plus près de nous se placent Mr. Hector Berlioz, F. David, R. Wagner, etc.

Les modulations par l'enharmonie sont d'un très bel effet, mais il faut en user rarement et avec connaissance de cause.

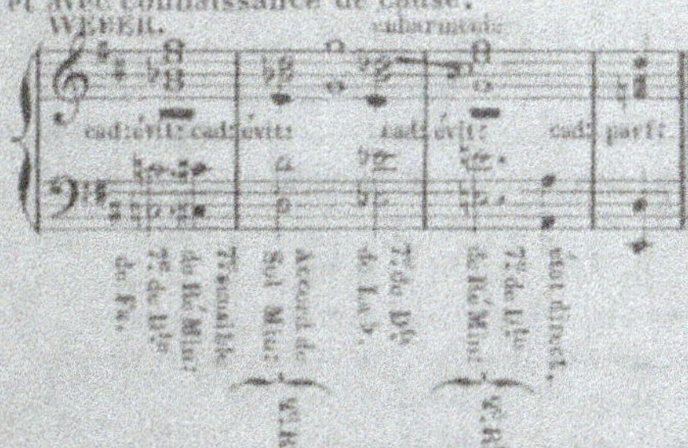

On n'en finirait pas si l'on voulait donner des exemples de toutes les manières d'employer les modulations, le goût fait beaucoup, le génie encore plus. Pour suppléer un peu à cela, nous conseillons d'analyser comme nous venons de le faire, les ouvrages sérieux, mais avant, il faut bien connaître les règles de l'harmonie naturelle, sans quoi on n'y comprendrait rien.

La cadence évitée la plus caractéristique est celle qui, annonçant un accord parfait, fait entendre un autre accord de 7e de dominante.

CHAPITRE IX.
RÉSUMÉ GÉNÉRAL.

EXPLICATION DU TABLEAU CI-CONTRE.

Chaque marche a une case, dans laquelle sont renfermés tous les accords dont la succession est permise par l'une ou l'autre d'elles. La marche oblique qui occupe le haut du tableau embrasse tous les accords. La marche contraire qui occupe le 2d rang, a une case en moins. La marche semblable qui occupe le 3e rang, a deux cases en moins. Ces deux dernières marches, partagent un peu leurs qualités, c'est-à-dire que pour employer les accords d'octave, de quinte, de quarte, par la marche semblable, il faut qu'une des deux parties aille par mouvement conjoint, sans quoi il faut se servir du mouvement contraire. Quand aux accords de 7e de 9e, il est préférable de les prendre par la marche contraire et le mouvement conjoint d'une partie au moins, mais on peut aussi les prendre par la marche semblable avec les mêmes conditions. Le mouvement parallèle ne permet que les accords de tierce, de sixte, etc.

<table>
<tr><td rowspan="4">MARCHE.</td><td colspan="5">OBLIQUE.</td></tr>
<tr><td colspan="5">CONTRAIRE.</td></tr>
<tr><td colspan="5">SEMBLABLE</td></tr>
<tr><td>PARALLÈLE</td><td colspan="4">Lorsqu'une des deux parties ira par mouvement conjoint; ou pendant la durée d'un même accord.</td></tr>
<tr><td>Degré approximatif de douceur.</td><td>Doux.</td><td>moins doux.</td><td>Durs.</td><td>très-durs.</td></tr>
<tr><td rowspan="2">ACCORDS.</td><td>3ce 6te
10e 13e</td><td>8ve 5te 4te
15e 12e 11e
Unisson.</td><td>7e d°
7e sur: {maj: / min:}
9e d° {maj: / min:} 9de
14e</td><td>Tous ceux non compris dans les précédents, c'est à dire toutes les autres 7es 9es les retards syncopes (2d cas) les anticipations les pédales, les altérations.</td></tr>
<tr><td colspan="3">APPOGIATURES.</td><td></td></tr>
<tr><td>HARMONIE.</td><td>POSITIVE.</td><td>ATTRACTIVE.</td><td>FICTIVE.</td></tr>
<tr><td></td><td colspan="2">DÉCISIVE.</td><td>EXPLÉTIVE.</td></tr>
</table>

Notre classement général se rapporte très bien a ce qui vient d'être dit, soit relativement a l'harmonie isolée, ou a l'harmonie successive. Il est bien entendu que ce tableau ne contient pas les nombreuses exceptions que l'on trouve assez souvent, et qui sont mentionnées dans le corps de l'ouvrage, mais jusqu'a ce qu'on soit assez habile on fera bien de s'y conformer strictement.

MODIFICATIONS AUX RÈGLES PRÉCITÉES.

Lorsqu'on fera de l'harmonie a deux parties (DUO) les règles seront rigoureuses.

Lorsqu'on fera de l'harmonie a trois parties (TRIO) les règles seront rigoureuses entre les extrêmes, un peu moins entre celles-ci et l'intermédiaire.

Lorsqu'on fera de l'harmonie a quatre parties (QUATUOR) les règles seront rigoureuses entre les extrêmes, un peu moins entre celles-ci et les intermédiaires, et encore moins entre ces dernières.

L'harmonie a plus de quatre parties, étant très rarement usitée, il est inutile d'en parler, mais seulement, a mesure que s'augmentera le nombre des parties, les licences harmoniques augmenteront, c'est pour cette raison que le style instrumental offre tant de ressource.

REMARQUE ESSENTIELLE.

Dans n'importe quel genre d'harmonie, il ne faudra jamais supprimer les notes caractéristiques des accords, sans quoi il serait impossible de les reconnaître, et on ne produirait pas l'effet désiré; par exemple il ne faudra pas supprimer la sixte dans l'accord de 6te, la 7e dans l'accord de 7e, etc.

Lorsqu'on n'aura que deux parties, on devra supprimer la tierce dans l'accord de 6te, la 3ce et la 5te de l'accord de 7e.

Lorsqu'on aura trois parties, on pourra garder les accords de trois notes au complet; dans l'accord de 7e dominante et de 9e de dominante, on supprimera la quinte; dans la 7e de sensible, la tierce.

Lorsqu'on aura quatre parties, on fera son possible pour garder les accords au complet, dans tous les cas, la suppression et la répétition des notes, ne devront jamais porter sur les notes qui ont une marche pour ainsi dire forcée, tels que la sensible et la septième.

CHAPITRE X.
HARMONIE SOUS UN CHANT DONNÉ.

Voici la partie la plus difficile a traiter de toute la science musicale, si on n'avait a faire l'harmonie que sous des notes faciles a reconnaître l'origine positive, c'est-a-dire l'accord réel dont elles dérivent directement, ce serait peu de chose, mais c'est lorsqu'elles sont entourées de cette armée de notes appelées d'une manière générale par les auteurs, *notes étrangères*, qu'il devient difficile d'agir, si on n'a pas une grande expérience de la pratique.

Lorsqu'on veut faire un accompagnement a un air, il faut d'abord le lire attentivement afin d'en marquer les repos ou cadences; si ce travail est bien fait, on aura peu de peine a mettre l'harmonie au dessous; soit le chant suivant:

On voit de suite que c'est en Ut Majeur jusqu'à la septième mesure exclusivement, laquelle est en Sol Majeur, ainsi que la 8e qui est une cadence parfaite en Sol, c'est donc une modulation par quinte supérieure, une des plus naturelles et des plus fréquentes.

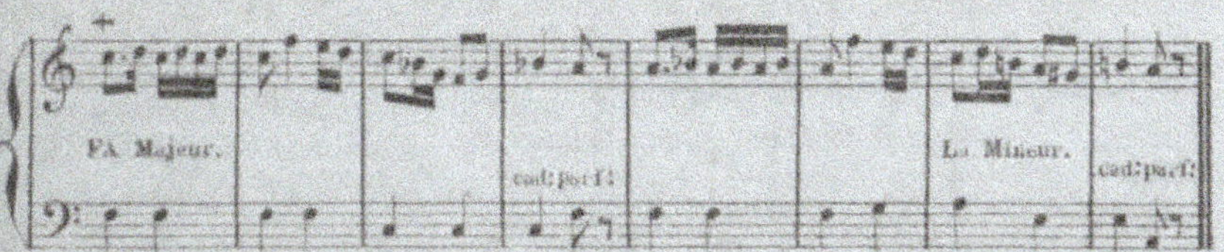

Nous revenons en Ut en partant de l'accord de septième dominante, ce n'était qu'une modulation passagère en Sol.

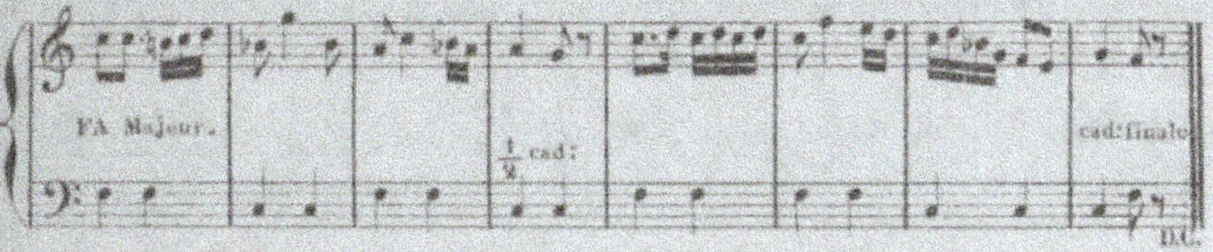

+ Si cette mesure était isolée, on pourrait prendre aussi bien Ut que Fa pour l'accompagner, mais dès les mesures suivantes, on peut voir que l'on est franchement en Fa Majeur, puis vient une modulation en La Mineur, et ensuite on est en Fa jusqu'à la fin.

Une fois ce travail fait, il faut extraire les notes qui ne doivent pas faire directement partie de l'harmonie placée au dessous, et en suivant rigoureusement pour elles, les règles établies (voir le tableau précédent) c'est-a-dire de les prendre toujours par marche oblique ou contraire, lorsque cette seconde opération sera faite, on placera l'harmonie fondamentale d'abord, en retenant bien ce qui suit: Tout morceau peut s'harmoniser avec trois notes, lesquelles sont précisément la tonique du ton les toniques de la 1re modulation par quinte supérieure et par quinte inférieure en d'autres termes, on peut harmoniser tout morceau avec la tonique, la dominante et la sous-dominante.

Comme basse fondamentale bien entendu, mais une fois celle-ci trouvée, rien n'est plus facile que de varier l'accompagnement comme nous allons le voir ci-après.

CHAPITRE XI.
HARMONIE RÉDUITE A SA PLUS SIMPLE EXPRESSION.

LA TONIQUE ET LA MÉDIANTE prendront leur accompagnement dans l'accord parfait.

LA DOMINANTE prendra son accompagnement soit dans l'accord parfait, soit dans l'accord de 7e dominante, selon ce qui précède ou ce qui suit.

LA SENSIBLE ET LA SOUS MÉDIANTE, prendront leur accompagnement dans l'accord de 7e dominante.

LA SOUS-DOMINANTE, suivie ou précédée de la tonique ou de la sous sensible, prendra son accompagnement dans l'accord de sous-dominante ou de sous médiante.

LA SOUS-SENSIBLE suivie ou précédée de Fa ou de Ré prendra son accompagnement dans l'accord parfait de sous-médiante, a son premier renversement si elle est suivie ou précédée de Ut, elle pourra prendre dans l'accord parfait de sous-dominante ou de sous-sensible. En suivant ces préceptes, on peut harmoniser n'importe quel morceau de musique que ce soit.

La mélodie dont nous avons fait l'harmonie d'après nos règles, va servir maintenant a nous apprendre la manière d'employer les accords brisés, nous nous servirons cette fois de l'harmonie du savant Mr Fétis, laissant au lecteur le soin de confronter la notre et la sienne, non pas pour juger de la différence, mais pour se rendre compte de notre manière de faire.

1. Mr Fétis a mis un Fa, c'est pour varier, mais comme basse fondamentale nous ne pouvions mettre autre chose que Sol, ce qui suit nous y forçait.

2. Ici il y a un Mi a la place de l'Ut, cela ne change en rien nôtre accord, c'est un moyen de variété voilà tout.

3. L'accord parfait mineur de La, fait mieux pressentir il est vrai la modulation en Sol, mais nous pouvions tout aussi bien mettre l'accord d'Ut majeur.

4. Ici nous avons voulu mettre la basse fondamentale, sans quoi nous eussions mis la même note que Mr Fétis, je dis la même note, pour bien faire remarquer que c'est le même accord, chez le maitre, a son deuxième renversement, chez nous à l'état direct. Cette formule de cadence est très usitée, elle prépare très bien l'accord de 7e de dominante, annonce en quelque sorte la cadence qui va se faire, si on ne la détourne pas, ce qui serait alors une cadence évitée. On peut voir que nous nous sommes peu écartés de l'harmonie de Mr Fétis, et nous ferons remarquer encore une fois, que nous n'avons voulu faire qu'une basse fond^le

CHAPITRE XII.
HARMONIE BRISÉE.

Lorsqu'on ne possède point d'instrument harmonique pour frapper les accords de deux, trois ou quatre notes et plus, on peut y remédier par ce qu'on appelle les accords brisés, c'est à dire que, au lieu de frapper les notes ensemble on les fait entendre l'une après l'autre, mais de manière à suivre le plus possible la disposition adoptée pour l'accord plaqué. Dans la 2.ᵉ partie du fragment ci-dessous, l'accord est brisé, ce qui revient à ceci, dans les trois premières mesures seulement, le lecteur continuera l'analyse du reste.

M.ʳ Fétis pouvait briser ces accords de beaucoup d'autres manières, comme on va le voir, ici nous n'avons aucune note, qui ne fasse partie de l'harmonie placée au dessous, cette brisure est donc très régulière.

Pour briser les accords, le moyen est des plus simples, si toutefois on est maître des règles énoncées dans cet ouvrage, et qui peuvent se réduire, à la rigueur, au petit tableau de la page 29 c'est à dire que, si l'harmonie plaquée est défectueuse, l'harmonie brisée sera de même, il faudra donc éviter les successions défendues, telles que les quintes, les octaves etc. si ce travail est fait correctement, on pourra briser un accord sans s'inquiéter des mauvais intervalles que feraient les notes de la brisure avec la partie de chant.

La brisure doit naturellement se diviser en deux espèces; la 1.ᵉ ne se fera qu'avec des notes appartenant directement à l'accord. La 2.ᵉ avec des notes n'appartenant pas directement à l'accord, mais si l'on se rappelle bien ce qui a été dit à ce sujet, on n'aura nulle peine à briser les accords des deux manières. Commençons par la première espèce dont nous avons déjà donné un exemple dans la page précédente.

Il n'y a donc rien de changer sur les règles établies; c'est a dire qu'on pourra briser un accord toutes les fois qu'on le voudra, de toutes les manières, selon le genre de musique qu'on traitera; si c'est avec les seules notes de l'accord comme ci-dessus, elles pourroit se succéder par mouvement disjoint, on pourra intervertir l'ordre des notes de l'accord si l'on y est forcé, mais il vaut toujours mieux garder la même disposition qu'il a à l'état d'accord plaqué.

La Basse jouit du même privilège, c'est a dire qu'on peut l'arpéger en employant les notes de l'accord, mais on en use avec plus de réserve sur d'autres notes que la tonique et la dominante, sans quoi on s'exposerait a faire de mauvaise harmonie.
On peut briser aussi les notes appelées, retards, appogiatures, syncopes, etc, etc,

Lorsqu'on aura adopté une brisure, il ne faudra l'abandonner qu'à la force, c'est à dire pour éviter de mauvaises successions.

Il y a une infinité de manières de briser les accords, nous ne donnons ici que quelques exemples afin de faire comprendre seulement la manière de s'y prendre, nous allons en donner des plus usités avec des notes n'appartenant pas directement a l'harmonie placée au dessous.

Ici il y a un intervalle de quarte avec la basse, aussi cette quarte est elle prise par la marche oblique, dans l'accord plaqué, l'Ut faisant quarte contre la basse, se résout par mouvement conjoint; dans l'accord arpégé, il se résout sur le Ré appartenant a l'accord placé au dessous, ne pouvant faire entendre toutes les notes a la fois comme sur un piano, ou orgue, etc, on cherche a les faire entendre successivement, il suffit que chacune d'elles soit effleurées pour qu'une oreille exercée saisisse qu'elle est le genre d'accord employé, d'ailleurs nous le répétons, dès l'instant que l'accord plaqué n'est pas fautif, c'est suffisant.

CHAPITRE XIII.
HARMONIE IMITATIVE.

Pour changer, toujours la même chose, c'est-a-dire que, si la mélodie va par mouvement disjoint, il faut que les notes appartiennent a l'harmonie placée au dessous, quoique répétant un fragment de mélodie d'une autre partie pour faire une espèce d'écho.

On peut remarquer que toutes les notes font entre elles un bon intervalle, dans le 1.er exemple, il y a des croisements qui sont toujours permis dans ce cas, si toutefois ils remplissent les conditions voulues, c'est a dire la règle du mouvement conj: ou disjoint.

Dans l'harmonie accompagnant une mélodie il faut autant que possible éviter de faire passer l'accompagnement au dessus de cette dernière, a moins que ce ne soit pour produire un effet spécial.

Il y a une quantité de genre d'imitation, mais nous n'en faisons aucune différence avec l'harmonie ordinaire, toujours les mêmes règles, la seule différence qui existe, c'est que dans l'imitation, les parties sont toutes plus ou moins chantantes, puisqu'elles reproduisent la même mélodie ou a peu près, a un intervalle quelconque.

Pour n'importe quel genre d'harmonie, ayez toujours présent a la mémoire le tableau renfermant tout le système harmonique. page **29.**

CHAPITRE XIV.
CHIFFRAGE.

Nous allons donner un aperçu des chiffres que l'on met au dessus d'une basse pour indiquer l'harmonie qu'elle doit comporter, ici comme ailleurs, peu d'auteurs s'entendent sur ce sujet, et on pourrait presque dire qu'ils ont chacun un chiffrage particulier, nous prendrons le plus usité par les meilleurs auteurs.

Le chiffrage n'indiquant pas toutes les notes composant l'accord, demande la connaissance de l'harmonie pour s'en servir avec facilité.

Le chiffrage de l'accord parf: min: est le même que celui de l'accord parf: maj: Un chiffre barré indique la diminution, comme un bé_ mol. La petite croix indi_ que ordinairement la sensible, ou l'augmentation comme un ♯.

Tous ces accords sont très souvent employés. On se sou_ vient que les 7es dominantes sont les mêmes dans les 2 modes.

Moins employés que les précé_ dents. Le 3e Renv.! doit toujours être pris par marche oblique ne pouvant se trouver à distance du 7e du sa basse.

Comme la 7e sensible majeure. Son 3e renversement peut se prendre par toutes les marches.

Ceux de médiante et de sous-sensible, se chiffrent de même, mais sont beaucoup plus rarement employés.

Celui de tonique se chiffre de même, tous deux sont rarement employés.

Les renversements sont inusités.

Le chiffrage de l'harmonie *fictive*, étant plus compliqué, et demandant par conséquent de plus grandes explications, n'a pu être indiqué ici.

CONCLUSION.

Le lecteur comprendra sans aucun doute, qu'avec un ouvrage aussi peu volumi_ neux il nous était impossible de développer les règles plus que nous ne l'avons fait, aussi comptons nous sur son indulgence et son encouragement, il trouvera d'ailleurs dans notre volume de la composition, le complément de ce premier tra_ vail, et nous ne croyons pas exagérer en disant qu'avec ces deux ouvrages, l'étude consciencieuse aidant, on sera à même de composer et harmoniser suffisamment un chœur facile, et la musique légère, c'est à dire, pas-redoublés, marches, danses, etc de là à la musique sérieuse, il n'y a qu'un pas, il ne s'agit que d'un peu de per_ sévérance, et voilà tout.

TABLE DES MATIÈRES.